Auteur

Jean-Pierre GARAIC

Toulon

France

Autres titres du même auteur

- Les carnets du poète « Cœur et raison
- Les carnets du poète « Donne-moi la main »
- La dépression c'est quoi Papa ?

Venez lire et écouter « Garaic in Live »

Sur le site de L'Ecrivain du sud

Lecrivaindusud.com

Apprendre de l'amour

C'est quoi pour vous ?

Jean-Pierre GARAIC

Jean-Pierre GARAIC

Couverture, illustration, textes, titres, mise en page, réalisation,

© Jean-Pierre Garaic

Toulon

France

Imprimerie Lulu Press, Inc.
3101, Hillsborough Street
Raleigh, NC 27607
United States

Garaic Éditions

Maître Façonnier

83100 Toulon

France

Dépôt Légal BNF Juin 2017

DLE-20170705-40821

IEAN 9791090647213
ISBN 979-10-90647-21-3

Apprendre de l'amour

C'est quoi pour vous ?

Jean-Pierre GARAIC

Jean-Pierre Garaic

Auteur

Explorateur du temps et de l'espace, chercheur philosophique en constante quête du meilleur équilibre de vie humaine et terrestre, il lui arrive parfois de tenter de répondre à quelques interrogations sur l'être humain et ses émotions, l'être humain et son rapport à l'autre, partiel miroir de nous-même au cœur de notre essence même.

Il aime parler de la vie et de sa propre compréhension de celle-ci, avec philosophie, poésie et sincérité.

D'autres ouvrages aux styles différents ont été mis en pages auparavant, avec quelques grands thèmes abordés, et dont leurs points communs sont la passion des mots ainsi que leur puissance, mais également la transmission de quelques traits de la condition humaine contemporaine employant une écriture poétique et rythmique.

Sommaire

Avant-propos

Le point de départ de ces textes, fut simplement un questionnement venu se poser au réveil matinal, après une nuit où j'écrivais en songes, pensant à toutes les histoires d'amour, histoires de cœur, histoires d'amitiés, que l'on peut connaître tout au long d'une vie et qui nous laissent toutes des empreintes colorées.

Qu'en avons-nous appris, qu'en avons-nous compris ?

Apprendre de l'amour,
c'est quoi pour vous ?

Apprendre de l'amour

C'est quoi pour vous ?

Pour moi

Apprendre de l'amour

C'est d'avoir été touché plusieurs fois

par les flèches de Cupidon,

et pour vous ?

Pour moi

Apprendre de l'amour

C'est aimer l'autre, sans toujours

savoir pourquoi,

et pour vous ?

Pour moi

Apprendre de l'amour

C'est une seconde intuition,

c'est une révélation.

Et pour vous ?

Pour moi

Apprendre de l'amour

C'est une faim qui nourrit la foi.

Et pour vous ?

Pour moi

Apprendre de l'amour

C'est un contact humain,

dans l'esprit

et dans les mains,

et pour vous ?

Pour moi

Apprendre de l'amour

C'est un état divin quand je

succombe à ses saints.

Et pour vous ?

Pour moi

Apprendre de l'amour

C'est parcourir un sentier

en cherchant le chemin,

et pour vous ?

Pour moi

Apprendre de l'amour

C'est penser au soi

quand on pense à quelqu'un,

et pour vous ?

Pour moi

Apprendre de l'amour

C'est porter en soi

un rêve commun,

et pour vous ?

Pour moi

Apprendre de l'amour

C'est un exercice

qui reste très saint,

et pour vous ?

Pour moi

Apprendre de l'amour

C'est aimer les courbes

c'est aimer les caresses

c'est du désir et de l'entrain.

Et pour vous ?

Pour moi

Apprendre de l'amour

C'est vouloir aussi procréer

pour aller plus loin,

et pour vous ?

Pour moi

Apprendre de l'amour

C'est vouloir être éternel par l'esprit

et le cœur en soutien,

et pour vous ?

Pour moi

Apprendre de l'amour

C'est chercher sa place

en tant que maillon humain,

et pour vous ?

Pour moi

Apprendre de l'amour

C'est nager dans un univers de

passions,

de chansons et de bien,

et pour vous ?

Pour moi

Apprendre de l'amour

C'est une quête,

voire parfois un besoin.

Et pour vous ?

Pour moi

Apprendre de l'amour

C'est une enquête sur l'âme

et sur son destin,

et pour vous ?

Pour moi

Apprendre de l'amour

C'est une tempête qui frappe la tête

et puis qui l'étreint,

et pour vous ?

Pour moi

Apprendre de l'amour

C'est de marcher toujours

même si on se trompe

de chemin,

et pour vous ?

Pour moi

Apprendre de l'amour

C'est de trouver le parcours

qui illumine le lien.

Et pour vous ?

Pour moi

Apprendre de l'amour

C'est savoir que tout seul

on ira un peu moins loin,

et pour vous ?

Pour moi

Apprendre de l'amour

C'est apprendre à lire tous les jours

sur les lignes de sa main,

et pour vous ?

Pour moi

Apprendre de l'amour

C'est vouloir faire l'amour

pour ne faire plus qu'un,

et pour vous ?

Pour moi

Apprendre de l'amour

C'est chérir à son tour dans un

même refrain.

Et pour vous ?

Pour moi

Apprendre de l'amour

C'est parfois souffrir quand les

sentiments sont trop lourds,

et pour vous ?

Pour moi

Apprendre de l'amour

C'est contenir de l'amour et vouloir

sans hésiter l'offrir,

et pour vous ?

Pour moi

Apprendre de l'amour

C'est continuer d'aimer

même si on est déchu,

et pour vous ?

Pour moi

Apprendre de l'amour

C'est de la douceur qui se mélange

aux tourments que l'on exclut.

Et pour vous ?

Pour moi
Apprendre de l'amour

Ce sont des remous inattendus,

qui agitent les flux

de notre subconscient,

et pour vous ?

Pour moi

Apprendre de l'amour

C'est un état bien plus haut

que de simples ressentiments,

et pour vous ?

Pour moi

Apprendre de l'amour

C'est un simple constat

un compte à rebours, exaltant,

et pour vous ?

Pour moi

Apprendre de l'amour

C'est la rencontre du jour

c'est la rencontre de l'instant.

Et pour vous ?

Pour moi

Apprendre de l'amour

C'est être sourd et non-voyant

c'est le cœur qui décide avec son

discernement,

et pour vous ?

Pour moi

Apprendre de l'amour

C'est une voix que l'on entend

c'est une voie qui nous surprend,

et pour vous ?

Pour moi

Apprendre de l'amour

C'est une surprise à emballer

tendrement,

et pour vous ?

Pour moi

Apprendre de l'amour

C'est d'écrire des vers pour des

poissons volants

sur une ligne sans hameçon.

Et pour vous ?

Pour moi

Apprendre de l'amour

C'est savoir renouveler l'air

d'une atmosphère en prison,

et pour vous ?

Pour moi

Apprendre de l'amour

C'est ne plus être maître un instant,

sans soumission

et sans obsession,

et pour vous ?

Pour moi

Apprendre de l'amour

C'est de vouloir transmettre bien

plus

que de la passion,

et pour vous ?

Pour moi

Apprendre de l'amour

C'est désirer l'universalité

du cœur pour tous

sans conditions.

Et pour vous ?

Pour moi

Apprendre de l'amour

C'est construire du meilleur

un petit peu chaque jour,

et pour vous ?

Pour moi

Apprendre de l'amour

C'est de punir le destin

de vous l'avoir repris un jour

et pour vous ?

Pour moi

Apprendre de l'amour

C'est de remercier ce même destin

de vous l'avoir offert une nuit,

et pour vous ?

Pour moi

Apprendre de l'amour

C'est se mettre tout nu

au milieu de la cour.

Et pour vous ?

Pour moi

Apprendre de l'amour

C'est être prof et élève

dans un même discours.

Et pour vous ?

Pour moi

Apprendre de l'amour

C'est saigner quelques gouttes de

sang de l'enseignement promulgué,

et pour vous ?

Pour moi

Apprendre de l'amour

C'est une étoile qui vous porte

sur des millions d'années,

et pour vous ?

Pour moi

Apprendre de l'amour

C'est savoir que mourir n'est pas

l'opposé de naître

mais juste son binôme

légèrement espacé.

Et pour vous ?

Pour moi

Apprendre de l'amour

C'est de remplir tout l'espace

et désirer la combler,

et pour vous ?

Pour moi

Apprendre de l'amour

C'est de ne jamais oublier

cette étincelle

ce coup de pied,

et pour vous ?

Pour moi

Apprendre de l'amour

C'est de toujours la voir belle

c'est de toujours l'aimer,

et pour vous ?

Pour moi

Apprendre de l'amour

C'est une ritournelle de câlins

et de baisers.

Et pour vous ?

Pour moi

Apprendre de l'amour

Ce sont quelques coups de gueule,

et quelques coups de fouets.

Et pour vous ?

Pour moi

Apprendre de l'amour

C'est d'entendre le marchand de

glaces et ses exquis mots glacés,

et pour vous ?

Pour moi

Apprendre de l'amour

C'est d'être pauvre au fond des

poches

et immensément riche d'exister

dans ses pensées,

et pour vous ?

Pour moi

Apprendre de l'amour

C'est parfois perdre.

Mais c'est géant quand

c'est gagné.

Et pour vous ?

Pour moi

Apprendre de l'amour

C'est parfois se perdre

c'est parfois tout recommencer,

et pour vous ?

Pour moi

Apprendre de l'amour

C'est de toujours espérer

de continuer à le bercer,

et pour vous ?

Pour moi

Apprendre de l'amour

C'est d'aimer le deux en un

et leur multiplicité,

et pour vous ?

Pour moi

Apprendre de l'amour

C'est de mettre sur papier

tout ce que l'on n'a pas réussi à se

dire.

Et pour vous ?

Pour moi

Apprendre de l'amour

C'est d'attendre le moment où l'on va

tout se dire,

et pour vous ?

Pour moi

Apprendre de l'amour

C'est rêver les secrets instants

que libèrent les soupirs,

et pour vous ?

Pour moi

Apprendre de l'amour

C'est se nourrir lentement

d'un singulier élixir,

et pour vous ?

Pour moi

Apprendre de l'amour

C'est se souvenir que le présent

est plus fort que l'avenir.

Et pour vous ?

Pour moi

Apprendre de l'amour

C'est vouloir maintenant

son cœur, son corps,

son âme, et les lire.

Et pour vous ?

Pour moi

Apprendre de l'amour

C'est s'ouvrir à une meilleure

vie humaine en devenir,

et pour vous ?

Pour moi

Apprendre de l'amour

C'est savoir que tout seul

notre idéal est tronqué,

et pour vous ?

Pour moi

Apprendre de l'amour

C'est de le chercher à tous les étages

il peut être vif

il peut être sage.

Et pour vous ?

Pour moi
Apprendre de l'amour

C'est aimer son enfant

lui montrer la vie

lui expliquer ses mirages,

et pour vous ?

Pour moi

Apprendre de l'amour

C'est se confesser sans rage

dans l'église du cœur

avant que la tête ne s'oublie.

Et pour vous ?

Pour moi

Apprendre de l'amour

C'est une porte sans cage

des barreaux vus de l'extérieur

un pénitencier sans fusils,

et pour vous ?

Pour moi

Apprendre de l'amour

C'est animer la vie

sans faire seulement

de beaux et grands discours.

Et pour vous ?

Pour moi

Apprendre de l'amour

C'est sublimer l'envie

par une simple et subtile adjonction

d'amour,

et pour vous ?

Pour moi

Apprendre de l'amour

C'est un génotype humain

un trait caractéristique qui peut vous

mettre à genoux,

et pour vous ?

Pour moi

Apprendre de l'amour

C'est l'essence de l'«Être »

quand l'humain reste court,

et pour vous ?

Pour moi

Apprendre de l'amour

C'est ce qu'il nous reste

quand il n'y a plus rien autour.

Et pour vous ?

Pour moi

Apprendre de l'amour

Ce n'est finalement qu'un zeste

de peut-être et de toujours,

et pour vous ?

Pour moi

Apprendre de l'amour

C'est : « je l'aime et elle m'aime

et nous nous aimons

en retour ».

Et pour vous ?

Pour moi

Apprendre de l'amour

C'est ne pas vouloir vivre seul

au milieu des carrefours,

et pour vous ?

Pour moi

Apprendre de l'amour

C'est vouloir compléter une œuvre

commencée à deux mains.

Et pour vous ?

Pour moi

Apprendre de l'amour

C'est de l'espoir

c'est de la force

mais aussi du chagrin

et pour vous ?

Pour moi

Apprendre de l'amour

C'est un royaume que l'on conquiert

de ses propres mains,

et pour vous ?

Pour moi

Apprendre de l'amour

C'est une quête qui parfois fait mal

pour atteindre le bien,

et pour vous ?

Pour moi

Apprendre de l'amour

C'est un magique refrain

une mélodie unique

un impérieux parfum.

Et pour vous ?

Pour moi

Apprendre de l'amour

C'est d'être tombé tout petit

dans le fût à potion,

et pour vous ?

Pour moi

Apprendre de l'amour

C'est pour l'éternité

c'est une carrière de champion,

et pour vous ?

Pour moi

Apprendre de l'amour

Même avec une médicale

prescription

le sevrage sera long.

Et pour vous ?

Pour moi

Apprendre de l'amour

C'est vivre et mourir de la veille

chaque jour.

Et pour vous ?

Pour moi

Apprendre de l'amour

C'est une fleur qui s'ouvre

une épine qui pique

une secousse, un calembour,

et pour vous ?

Pour moi

Apprendre de l'amour

C'est de connaître sa puissance

à l'aller comme au retour,

et pour vous ?

Pour moi

Apprendre de l'amour

C'est vouloir soulager un manque

que l'on ne comprend pas toujours.

Et pour vous ?

Apprendre de l'amour

C'est être saltimbanque

c'est être missionnaire

c'est « être » tout court.

C'est bien plus qu'une idée

c'est une vérité.

Et vous,

Qu'aimeriez-vous apprendre de

l'amour ?

Amour en échantillons

- Sur l'Amour

- Destin ou choix

- Sonnet de mars

- L'amour qui se comprend avec le cœur, autre intelligence hors du crâne.

- Flex et réflexe, flexions et réflexions

- Exceptionnelle

- Aime

Garaic.

Sur l'Amour

L'Amour est délicat à définir.

L'Amour n'est qu'éclat dans le défini.

L'Amour est relation avec plaisir.

L'Amour est création indéfinie.

L'Amour, partout il peut courir.

L'Amour, parfois aussi s'enfuit.

L'Amour, futur en devenir.

L'Amour, c'est passé, présent et avenir.

L'Amour, sans lui, à quoi bon le dire.

L'Amour, avec lui, tout peut être dit.

L'Amour, avant lui, on ne pouvait l'écrire.

L'Amour, avec lui, tout peut être décrit.

Destin ou choix ?

Quelle route, Valentin, as-tu pris ce jour-là ?

Etait-ce ton destin ou était-ce ton choix ?

La jeunesse donne des perspectives

aux grandes largesses,

Aujourd'hui, un peu plus vieux, l'avenir est étroit.

Et la genèse qui m'active quand je suis en

détresse,

Ne peux plus rien pour moi aux abords de

l'effroi.

Point de complaintes quand je pose ces maux-là,

L'écriture est une feinte pour me sentir moins las.

Et puisque du langage on nous a doté,

Il me parait très sage de vouloir l'honorer

En verbes et sujets à mon goût assemblés.

C'est la conscience avant tout qui le fait évoluer.

Le langage n'est que conscience

Qui ne fait que s'exprimer.

Dis-moi Valentin,

Connaitrais-tu un poème,

Connaitrais-tu un adage,

Qui rendrait à ce jour cet amour

Particulier.

Sonnet de mars

J'avais cru comprendre

Que tu désirais m'apprendre

Voir dans tes yeux tendres

Des couleurs sans méandres.

J'avais cru sentir

En toi un subtil désir

Aux sous-bois de plaisirs

Et ta peau comme élixir.

Un rêve auquel encore je crois

Car être deux c'est aimer soi,

C'est ainsi que demain croît.

Une réflexion intime et personnelle

Que le temps rend parfois obsessionnelle

Je rêve d'une jeunesse

Éternelle.

,

L'Amour qui se comprend avec le cœur, autre intelligence hors du crâne.

L'intelligence du cœur ou le cœur
intelligent est une faculté qui s'écoute de
l'intérieur vers l'extérieur et si, elle ressent un
écho immatériel mais réel et vrai, le temps et
l'espace ne comptent plus, car une connexion
invisible s'est créée pour atteindre l'essentiel,
L'Être Suprême qui nous transcende et qui
nous guide.
Ce cœur intelligent a dépassé depuis longtemps
l'instinct, sans pour autant abandonner cet

instinct qui est un des piliers de notre propre

création, évolution et croissance spirituelle.

L'intelligence purement dite, est l'ensemble de

nos capacités cognitives, éveillées par nos sens,

qui nous permettent de penser, d'imaginer, de

réfléchir, d'analyser, de comprendre, d'établir, de

persévérer, d'aimer et de vivre au plus près de la

réalité. Cette intelligence qui est capacité à

apprendre, comprendre, agir, créer, se nourrit de

connaissances diverses tout au long de sa vie et

peut donc augmenter en puissance.

Cette intelligence nous la supposons dans notre

cerveau, qui pour la plupart des individus

, n'utilise que 10 % des capacités du cortex cérébral. (Une information qui reste une probabilité non prouvée).

Et le reste, à quoi nous sert-il ?

Aurions-nous un cerveau en attente de pouvoir utiliser plus que ce qu'il fait ?

Comment utiliser ces 90 % de notre cerveau ?

Ou bien avons-nous un mini cerveau dans un grand, ainsi l'hypothalamus serait nos 10%, le reste n'étant que matière atmosphérique interne, un fond diffus cérébral où s'établissent les connexions sous formes d'ondes électriques, chimiques, magnétiques.

Certaines zones cérébrales sont connues et auxquelles sont attribuées certaines de nos facultés comme le langage, la vision.

On sait qu'un des deux hémisphères de notre cerveau agit sur le langage, la parole et la mobilité latérale, or des opérations du cerveau ont prouvées que même avec une ablation d'un hémisphère entier du cerveau d'un enfant de 7 à 8 ans, le cerveau restant continue de fonctionner normalement.

Les facultés de l'enfant n'avaient pas été affectées, ce qui tente à supposer que le cerveau est un organe qui peut fonctionner avec moins de matière grise environnante.

Se pourrait-il que, comme le foie, il repousse ?

Autre chose existe dans notre cerveau,

la conscience.

Mais qu'est-elle ?

Est-elle divisible et ainsi peut être incomplète, si je

m'en réfère au point précédent ?

Pourrait-elle par nécessité physiologique se fixer

sur un seul hémisphère ?

Est-elle invisible et essentielle ?

Est-elle subjective ou objective ?

Elle est visible quand elle s'exprime,

Elle est essentielle pour dire « Je »,

Elle est subjective et objective.

Elle peut être unique et multiple

Elle peut être jugée et quantifiée

Elle peut être quantique et ainsi ne jamais être

observée.

Elle est humaine pour nous ?

Elle est autre pour d'autres ?

Et l'Amour, où est-il caché ?

Comment est-il créé en l'humain ?

Flex et réflexe

Flexions et réflexions.

Les bons sentiments portent en eux

La probabilité multiple de grands espoirs.

(Voir physique quantique si intéressé(e))

☺.

Exceptionnelle

J'ai peur de ne pas être à la hauteur

Malgré tout mon désir et toute mon ardeur.

J'ai peur car vous êtes belle et exceptionnelle

Sensuellement rebelle

Et je ne voudrais pas être pris de panique

De vous savoir

Dans mon cœur

Éternelle.

Aime

A chaque seconde qui passe

Une nouvelle note vient tinter

A chaque révolution solaire,

Sur le visage, une petite ride de plus

En paix.

Le temps qui passe n'est que musique

Qui se grave sur la peau

La pointe de diamant qui nous pique

C'est la vie que nous vivons

Le disque qui en premier la reçoit

C'est l'univers

Qui est aussi vivant de cela.

Quand on le regarde

Il nous voit.

Quand on lui parle

Il nous répond.

Quand on l'aime

Il nous aime.

AIME.

Tiens ! Un cadeau surprise.

J'ai réservé une page rien que pour vous,

*vous n'aurez qu'à la nommer « **Ma page** ».*

Notez-y votre impression,

vos réflexions sur le sujet, vos pensées,

ou tout simplement vos réponses., à la question :

« Qu'aimeriez-vous apprendre de l'amour,

avec amour ? ».

Faites de ce livre le vôtre,

vous pourrez encore le relire plus tard.

Ma page

Qu'aimerais-je apprendre de l'amour ?

Merci.

Tables des matières

Autres titres du même auteur

- Les carnets du poète « Cœur et raison

- Les carnets du poète « Donne-moi la main »

- La dépression c'est quoi Papa ?

Venez écouter « Garaic in Live »

Sur le site de L'Ecrivain du sud

Lecrivaindusud.com

Questions et pensées

du jour.

Jean-Pierre GARAIC

Auteur

Imprimerie Lulu Press, Inc.
3101, Hillsborough Street
Raleigh, NC 27607
United States

Garaic Editions

Maître Façonnier

83100 Toulon

France

Dépôt légal BNF Juin 2017

DLE-20170705-40821

IEAN 9791090647213
ISBN 979-10-90647-21-3